AF205560

Impressum
Verlag: BABADADA GmbH, Nedderfeld 112 , 22529 Hamburg
Geschäftsführer / Verlagsleitung: Harald Hof
Druck: Books on Demand GmbH, In de Tarpen 42, 22848 Norderstedt

Imprint
Publisher: BABADADA GmbH, Nedderfeld 112 , 22529 Hamburg, Germany
Managing Director / Publishing direction: Harald Hof
Print: Books on Demand GmbH, In de Tarpen 42, 22848 Norderstedt

school
koulu

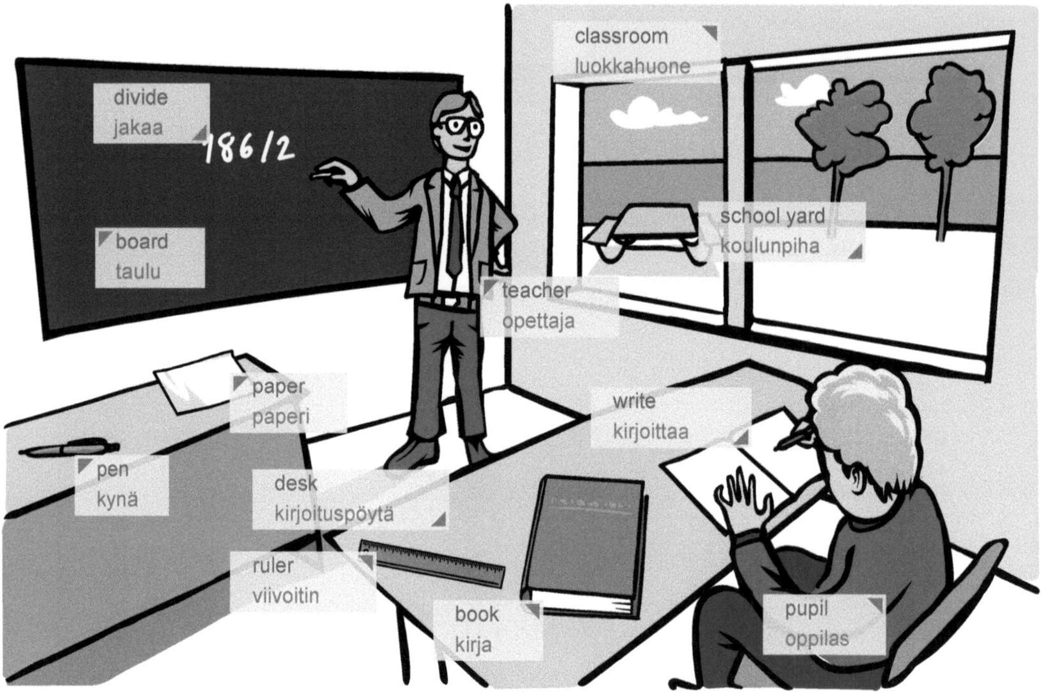

classroom
luokkahuone
divide
jakaa
186/2
board
taulu
school yard
koulunpiha
teacher
opettaja
paper
paperi
write
kirjoittaa
pen
kynä
desk
kirjoituspöytä
ruler
viivoitin
book
kirja
pupil
oppilas

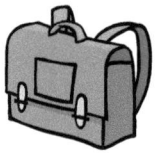

satchel

reppu

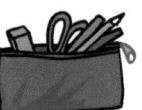

pencil case

penaali

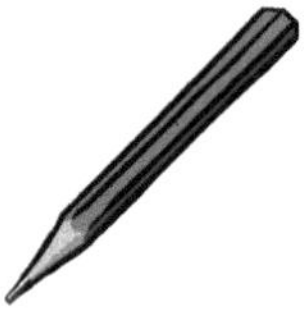

pencil

lyijykynä

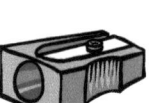

pencil sharpener

kynänteroitin

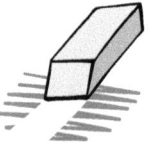

rubber

pyyhekumi

drawing pad

piirustuslehtiö

drawing

piirustus

paintbrush

pensseli

paint box

vesivärit

scissors

sakset

glue

liima

exercise book

harjoituskirja

homework

kotitehtävä

number

luku

add

lisätä

subtract

vähentää

multiply

kertoa

calculate

laskea

letter

kirjain

alphabet

aakkoset

word

sana

text

teksti

read

lukea

chalk

liitu

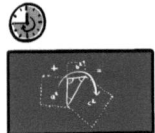

lesson

oppitunti

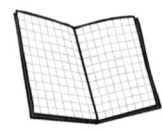

register

opettajan muistikirja

exam

koe

certificate

todistus

school uniform

koulupuku

education

koulutus

encyclopedia

sanakirja

university

yliopisto

microscope

mikroskooppi

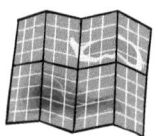

map

kartta

waste-paper basket

roskakori

hotel
hotelli

Grand

hostel
retkeilymaja

ROOMS

bureau de change
rahanvaihto

CHANGE

suitcase
matkalaukku

car
auto

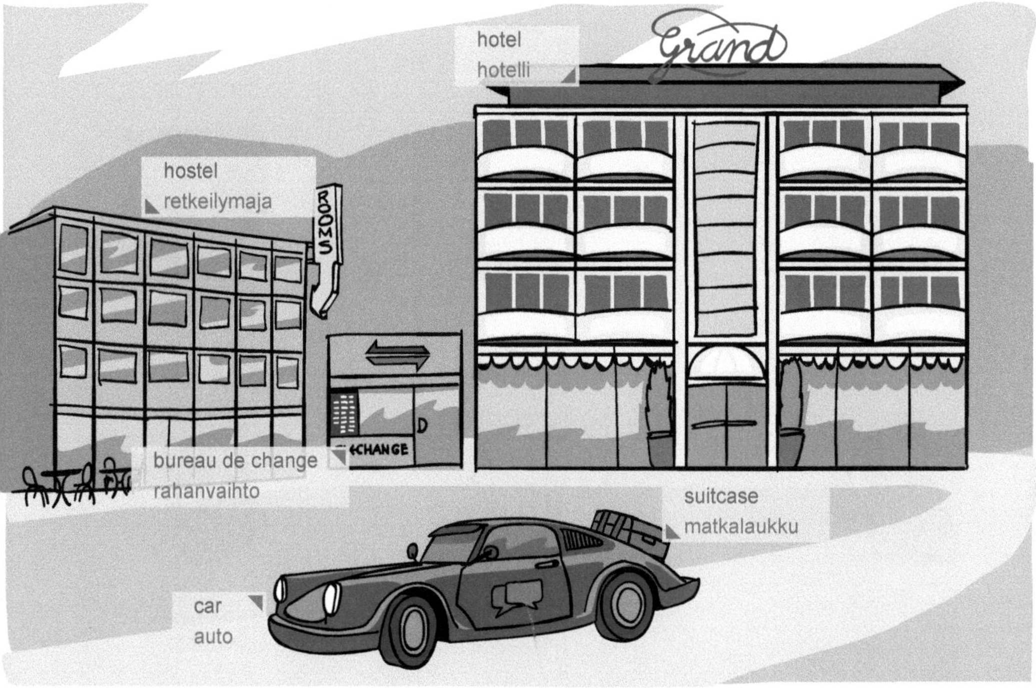

language
kieli

yes / no
kyllä / ei

Okay
selvä

hello
hei

translator
tulkki

Thank you
kiitos

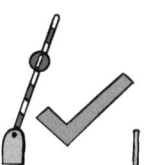

how much is...?

Paljonko...maksaa?

I do not understand

en ymmärrä

problem

ongelma

Good evening!

Hyvää iltaa!

Good morning!

Hyvää huomenta!

Good night!

Hyvää yötä!

bye bye

näkemiin

direction

suunta

luggage

matkatavarat

bag

laukku

backpack

reppu

guest

vieras

room

huone

sleeping bag

makuupussi

tent

teltta

tourist information
turisti-info

beach
ranta

credit card
luottokortti

breakfast
aamupala

lunch
lounas

dinner
päivällinen

ticket
matkalippu

lift
hissi

stamp
postimerkki

border
raja

customs
tulli

embassy
suurlähetystö

visa
viisumi

passport
passi

transport
kuljetus

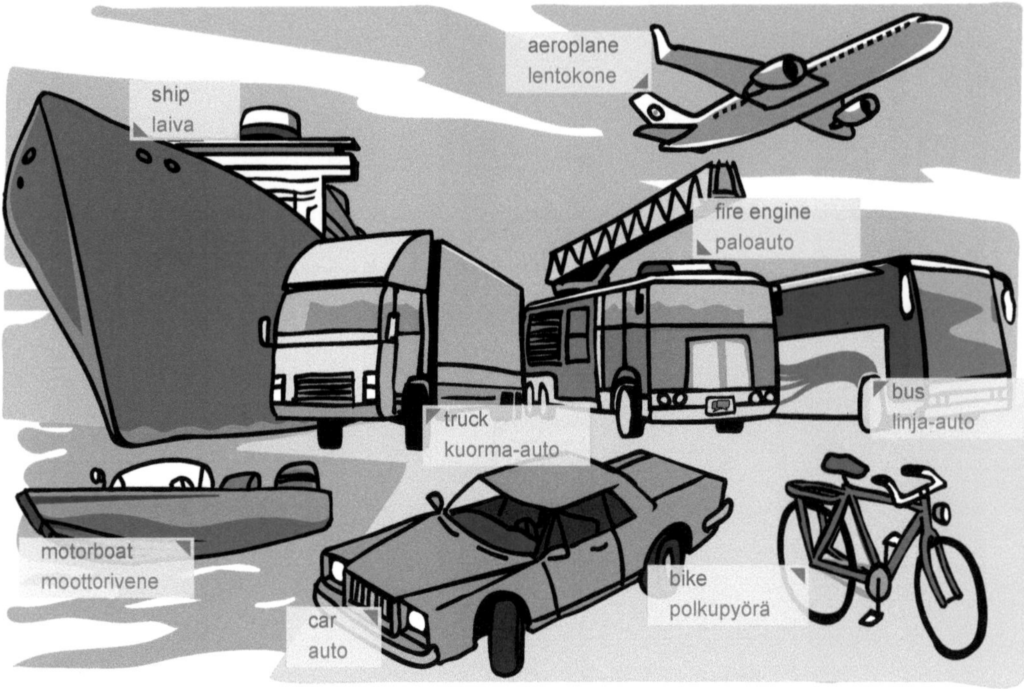
aeroplane
lentokone
ship
laiva
fire engine
paloauto
truck
kuorma-auto
bus
linja-auto
motorboat
moottorivene
bike
polkupyörä
car
auto

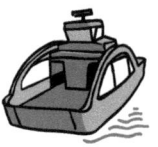

ferry
lautta

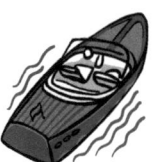

boat
vene

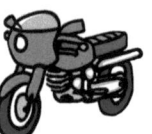

motorbike
moottoripyörä

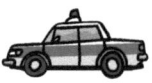

police car
poliisiauto

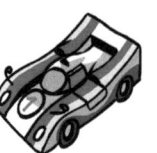

racing car
kilpa-auto

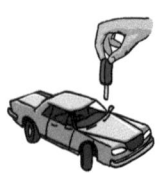

rental car
vuokra-auto

car sharing

car sharing

breakdown truck

hinausauto

refuse truck

roska-auto

motor

moottori

fuel

polttoaine

petrol station

huoltoasema

traffic sign

liikennemerkki

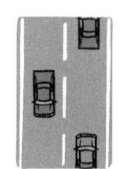

traffic

liikenne

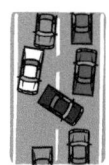

traffic jam

ruuhka

car park

parkkipaikka

train station

rautatieasema

tracks

raiteet

train

juna

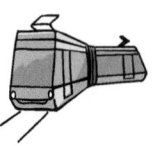

tram

raitiovaunu

carriage

vaunu

helicopter

helikopteri

airport

lentokenttä

tower

lähilennonjohto

passenger

matkustaja

container

kontti

carton

pahvilaatikko

cart

kärryt

basket

kori

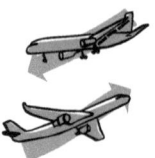

take off / land

nousta / laskea

city

kaupunki

village

kylä

city centre

keskusta

house

talo

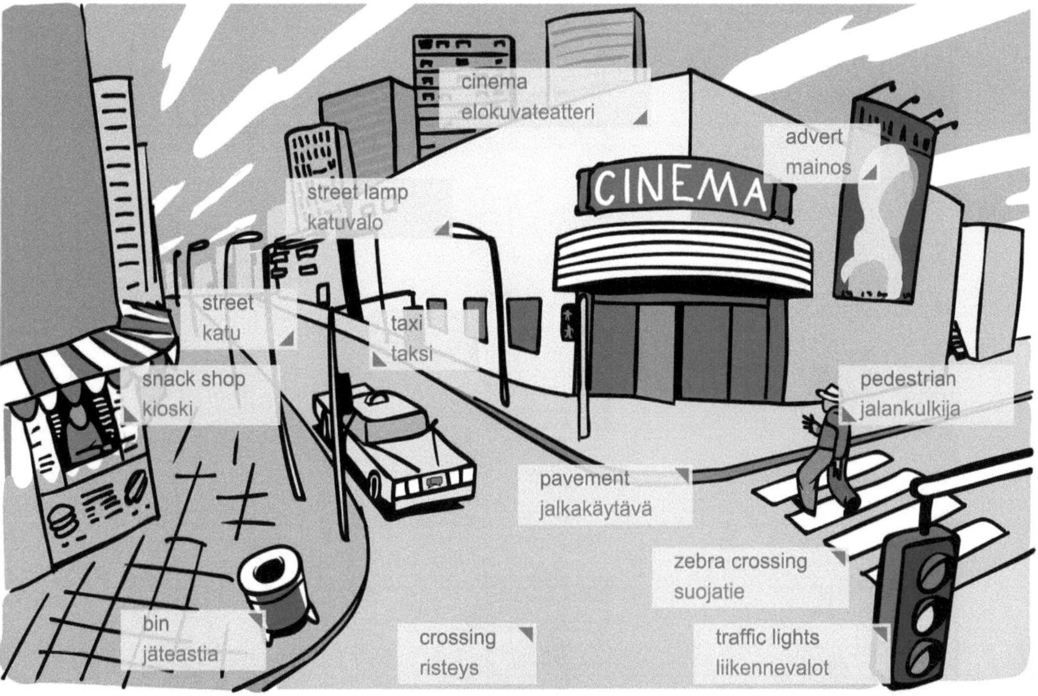

cinema
elokuvateatteri

advert
mainos

street lamp
katuvalo

CINEMA

street
katu

taxi
taksi

snack shop
kioski

pedestrian
jalankulkija

pavement
jalkakäytävä

zebra crossing
suojatie

bin
jäteastia

crossing
risteys

traffic lights
liikennevalot

hut
mökki

flat
kerrostalo

train station
rautatieasema

town hall
kaupungintalo

museum
museo

school
koulu

university

yliopisto

bank

pankki

hospital

sairaala

hotel

hotelli

pharmacy

apteekki

office

toimisto

book shop

kirjakauppa

shop

liike

florist's

kukkakauppa

supermarket

supermarketti

market

tori

department store

tavaratalo

fishmonger's

kalakauppias

shopping centre

ostoskeskus

harbour

satama

park

puisto

bench

penkki

bridge

silta

stairs

portaat

underground

metro

tunnel

tunneli

bus stop

linja-autopysäkki

bar

baari

restaurant

ravintola

postbox

postilaatikko

street sign

katukyltti

parking meter

parkkimittari

zoo

eläintarha

swimming pool

uimala

mosque

moskeija

farm

maatila

pollution

ympäristön saastuminen

graveyard

hautausmaa

church

kirkko

playground

leikkikenttä

temple

temppeli

landscape

maisema

leaf
lehti

signpost
tienviitta

way
tie

meadow
niitty

stone
kivi

hiker
retkeilijä

tree
puu

river
joki

grass
ruoho

flower
kukka

valley

laakso

hill

vuori

lake

järvi

forest

metsä

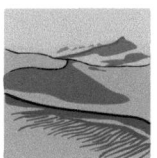

desert

aavikko

volcano

tulivuori

castle

linna

rainbow

sateenkaari

mushroom

sieni

palm tree

palmu

mosquito

hyttynen

fly

kärpänen

ant

muurahainen

bee

mehiläinen

spider

hämähäkki

landscape - maisema

beetle

kovakuoriainen

frog

sammakko

squirrel

orava

hedgehog

siili

hare

jänis

owl

pöllö

bird

lintu

swan

joutsen

boar

villisika

deer

peura

moose

hirvi

dam

pato

wind turbine

tuulimylly

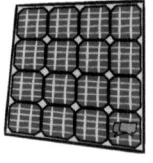

solar panel

aurinkopaneeli

climate

ilmasto

restaurant
ravintola

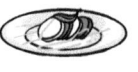

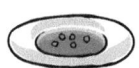

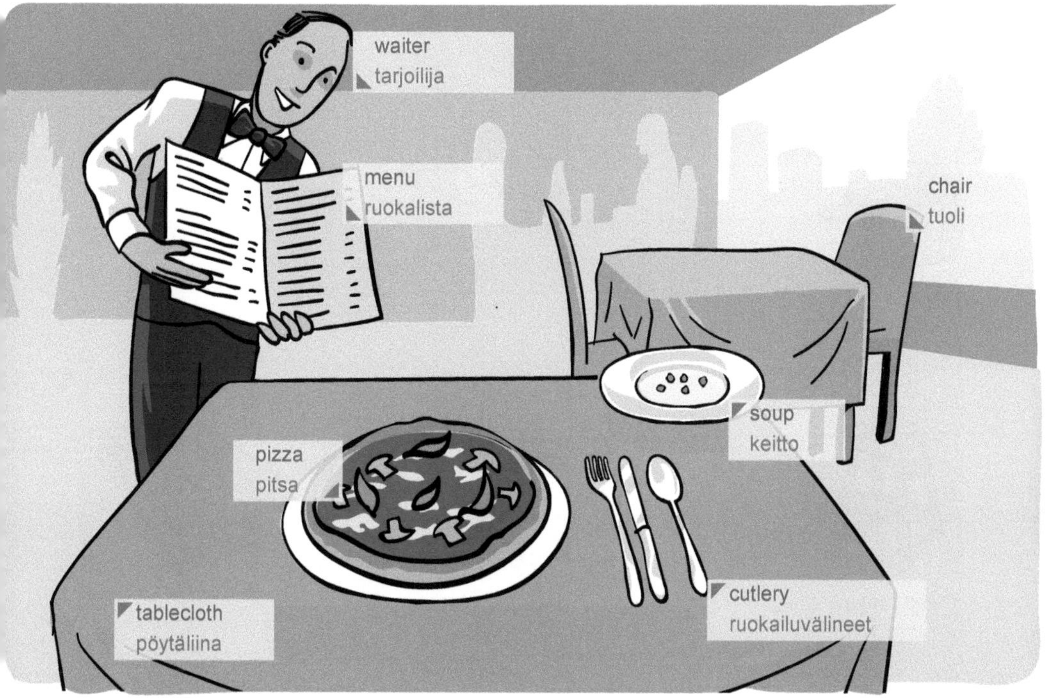

waiter
tarjoilija
menu
ruokalista
chair
tuoli
soup
keitto
pizza
pitsa
cutlery
ruokailuvälineet
tablecloth
pöytäliina

starter
alkuruoka

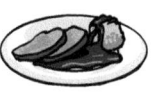

main course
pääruoka

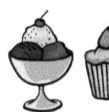

dessert
jälkiruoka

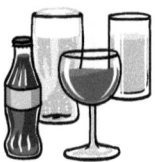

drinks
juomat

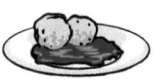

food
ruoka

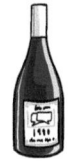

bottle
pullo

fast food

pikaruoka

street food

katuruoka

teapots

teekannu

sugar bowl

sokeriastia

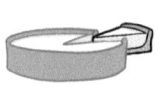

portion

annos

espresso machine

espressokeitin

high chair

syöttötuoli

bill

lasku

tray

tarjotin

knife

veitsi

fork

haarukka

spoon

lusikka

teaspoon

teelusikka

serviette

servietti

glass

lasi

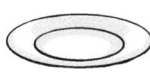

plate

lautanen

soup plate

syvä lautanen

saucer

aluslautanen

sauce

kastike

salt pot

suolasirotin

pepper mill

pippurimylly

vinegar

etikka

oil

öljy

spices

mausteet

ketchup

ketsuppi

mustard

sinappi

mayonnaise

majoneesi

supermarket

supermarketti

special offer
tarjous
FOR
customer
asiakas
dairy
maitotuotteet
fruit
hedelmät
trolley
ostoskärryt

BUTCHERS

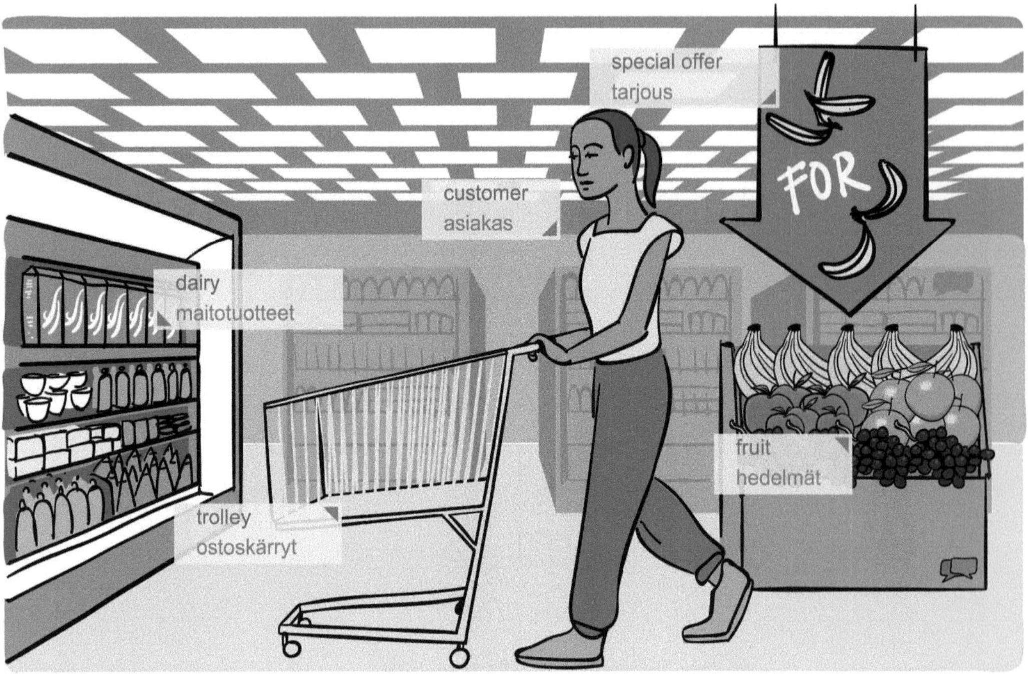

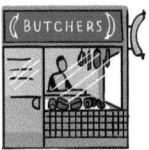

butcher´s

teurastamo

BAKERY

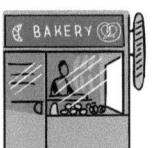

baker´s

leipomo

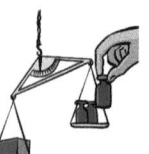

weigh

punnita

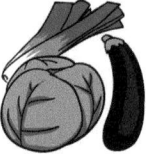

vegetables

kasvikset

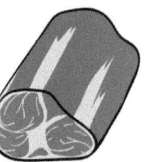

meat

liha

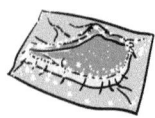

frozen food

pakasteet

cold meat

leikkele

tinned food

säilykkeet

washing powder

pesujauhe

sweets

makeiset

household products

kotitaloustarvikkeet

cleaning products

puhdistusaineet

salesperson

myyjä

till

kassa

cashier

kassanhoitaja

shopping list

ostoslista

opening hours

aukioloajat

wallet

lompakko

credit card

luottokortti

bag

kassi

plastic bag

muovipussi

water

vesi

juice

mehu

milk

maito

coke

kokis

wine

viini

beer

olut

alcohol

alkoholi

cocoa

kaakao

tea

tee

coffee

kahvi

espresso

espresso

cappuccino

cappuccino

banana

banaani

apple

omena

orange

appelsiini

melon

meloni

lemon

sitruuna

carrot

porkkana

garlic

valkosipuli

bamboo

bambu

onion

sipuli

mushroom

sieni

nuts

pähkinät

noodles

spagetti

spaghetti

spagetti

rice

riisi

salad

salaatti

chips

ranskalaiset

fried potatoes

paistetut perunat

pizza

pitsa

hamburger

hampurilainen

sandwich

voileipä

cutlet

leike

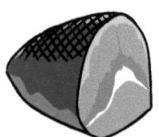

ham

kinkku

salami

salami

sausage

makkara

chicken

kana

roast

paisti

fish

kala

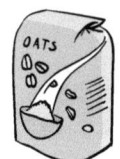

porridge oats

kaurahiutaleet

muesli

mysli

cornflakes

murot

flour

jauho

croissant

voisarvi

bread roll

sämpylä

bread

leipä

toast

paahtoleipä

biscuits

keksit

butter

voi

curd

rahka

cake

kakku

egg

kananmuna

fried egg

paistettu kananmuna

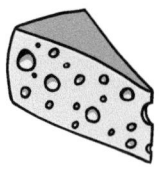

cheese

juusto

ice cream

jäätelö

sugar

sokeri

honey

hunaja

jam

hillo

chocolate spread

suklaapähkinälevite

curry

curry

farm
maatila

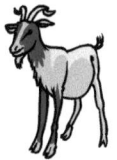

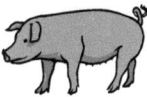

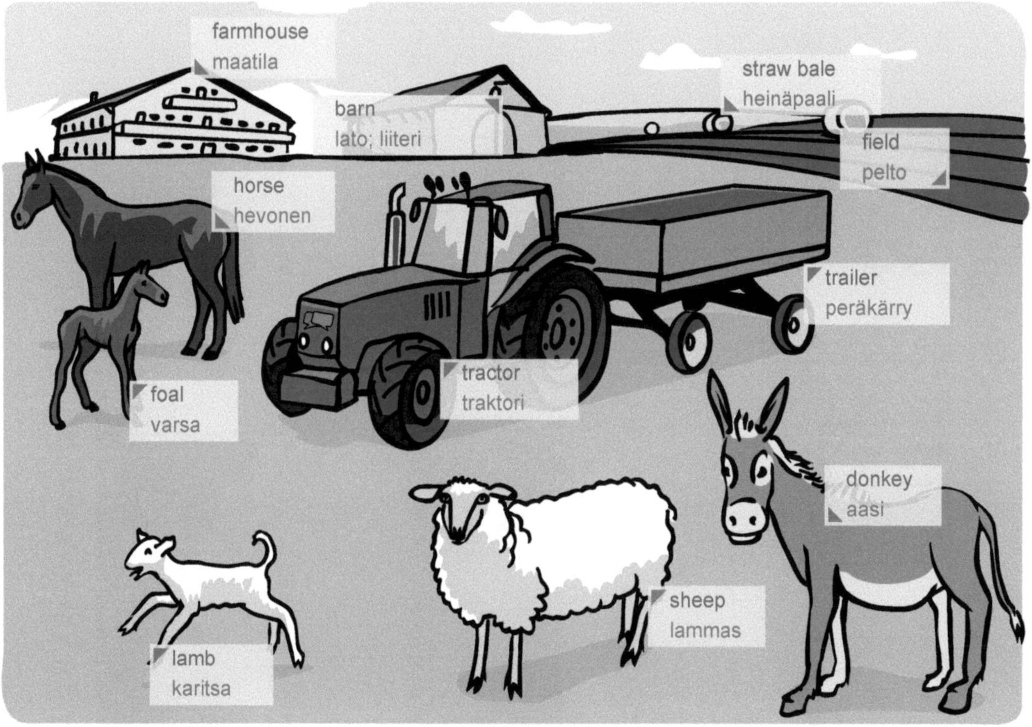
farmhouse
maatila
barn
lato; liiteri
straw bale
heinäpaali
field
pelto
horse
hevonen
trailer
peräkärry
tractor
traktori
foal
varsa
donkey
aasi
sheep
lammas
lamb
karitsa

goat

vuohi

cow

lehmä

calf

vasikka

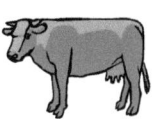

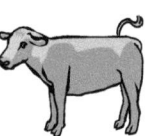

pig

sika

piglet

porsas

bull

sonni

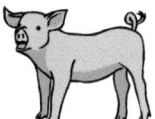

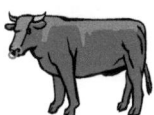

goose

hanhi

duck

ankka

chick

tipu

hen

kana

cock

kukko

rat

rotta

cat

kissa

mouse

hiiri

ox

härkä

dog

koira

doghouse

koirankoppi

garden hose

puutarhaletku

watering can

kastelukannu

scythe

viikate

plough

aura

sickle

sirppi

hoe

kuokka

pitchfork

talikko

axe

kirves

wheelbarrow

kottikärryt

trough

kaukalo

milk can

maitokannu

sack

säkki

fence

aita

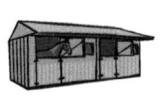

stable

talli

greenhouse

kasvihuone

soil

maa

seed

siemen

fertilizer

lannoite

combine harvester

leikkuupuimuri

harvest

kerätä sato

harvest

sato

yams

jamssit

wheat

vehnä

soy

soija

potato

peruna

corn

maissi

rapeseed

rypsi

fruit tree

hedelmäpuu

cassava

maniokki

cereals

vilja

farm - maatila

house
talo

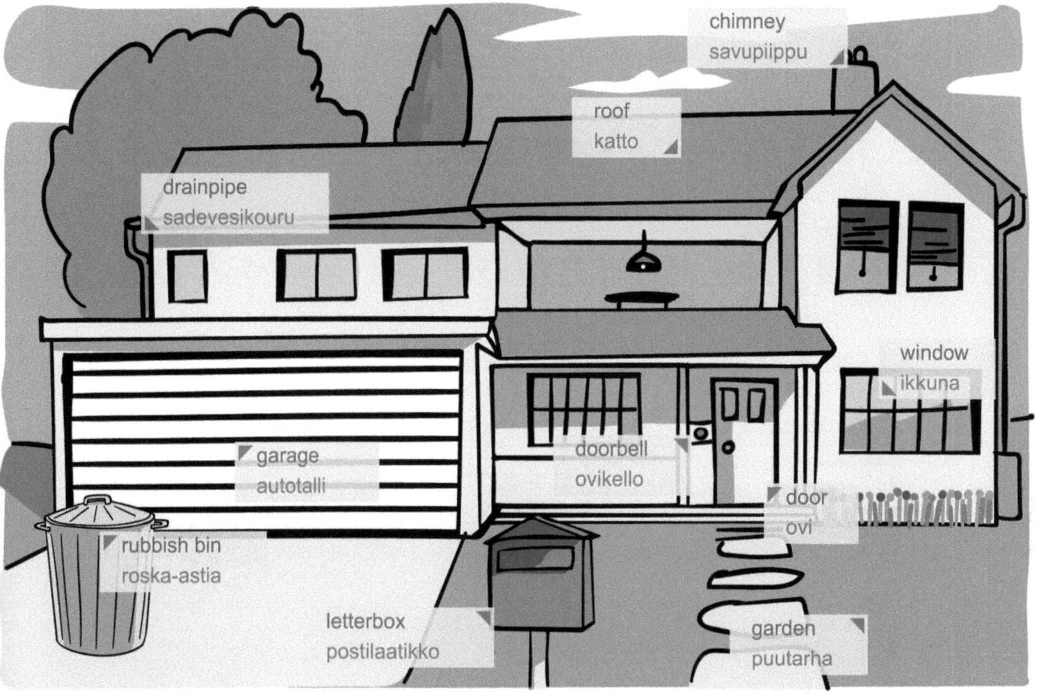

chimney
savupiippu
roof
katto
drainpipe
sadevesikouru
window
ikkuna
garage
autotalli
doorbell
ovikello
door
ovi
rubbish bin
roska-astia
letterbox
postilaatikko
garden
puutarha

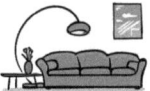

living room

olohuone

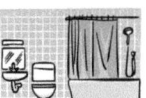

bathroom

kylpyhuone

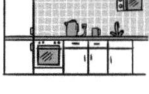

kitchen

keittiö

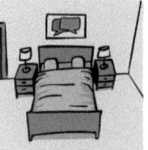

bedroom

makuuhuone

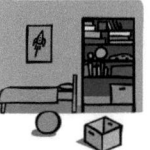

child's room

lastenhuone

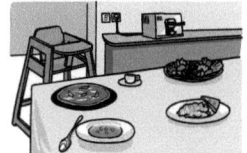

dining room

ruokahuone

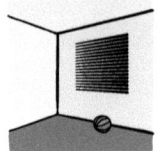

floor

lattia

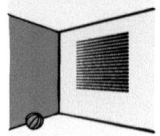

wall

seinä

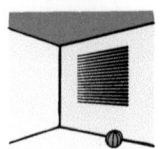

ceiling

katto

cellar

kellari

sauna

sauna

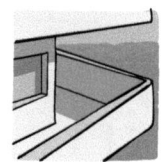

balcony

parveke

terrace

terassi

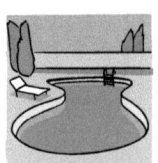

pool

uima-allas

lawn mower

ruohonleikkuri

sheet

lakana

bedspread

päiväpeitto

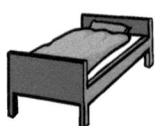

bed

sänky

broom

harja

bucket

ämpäri

switch

katkaisin

living room
olohuone

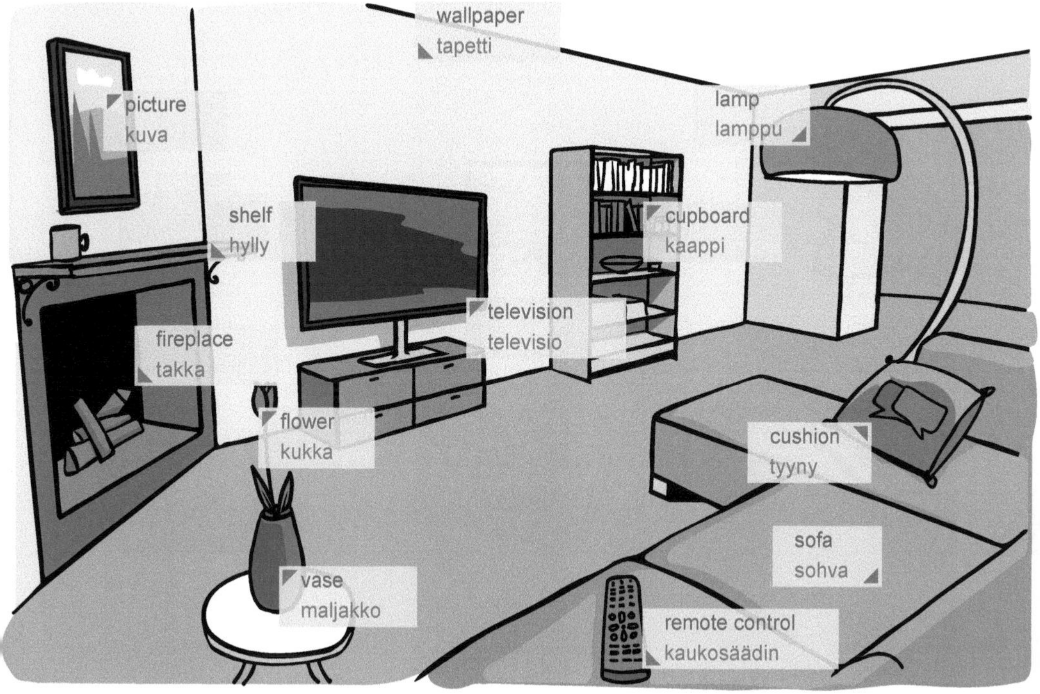
wallpaper
tapetti
picture
kuva
lamp
lamppu
shelf
hylly
cupboard
kaappi
television
televisio
fireplace
takka
flower
kukka
cushion
tyyny
sofa
sohva
vase
maljakko
remote control
kaukosäädin

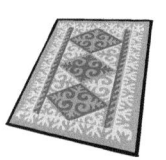

carpet

matto

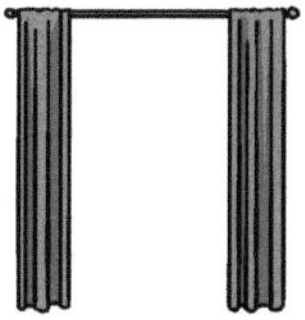

curtain

verho

table

pöytä

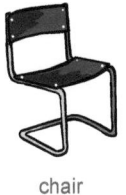

chair

tuoli

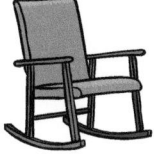

rocking chair

keinutuoli

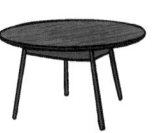

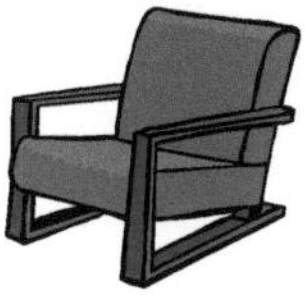

armchair

nojatuoli

book
kirja

blanket
peitto

decoration
koriste

firewood
polttopuut

film
elokuva

hi-fi equipment
stereot

key
avain

newspaper
sanomalehti

painting
maalaus

poster
juliste

radio
radio

notepad
muistivihko

hoover
pölynimuri

cactus
kaktus

candle
kynttilä

kitchen
keittiö

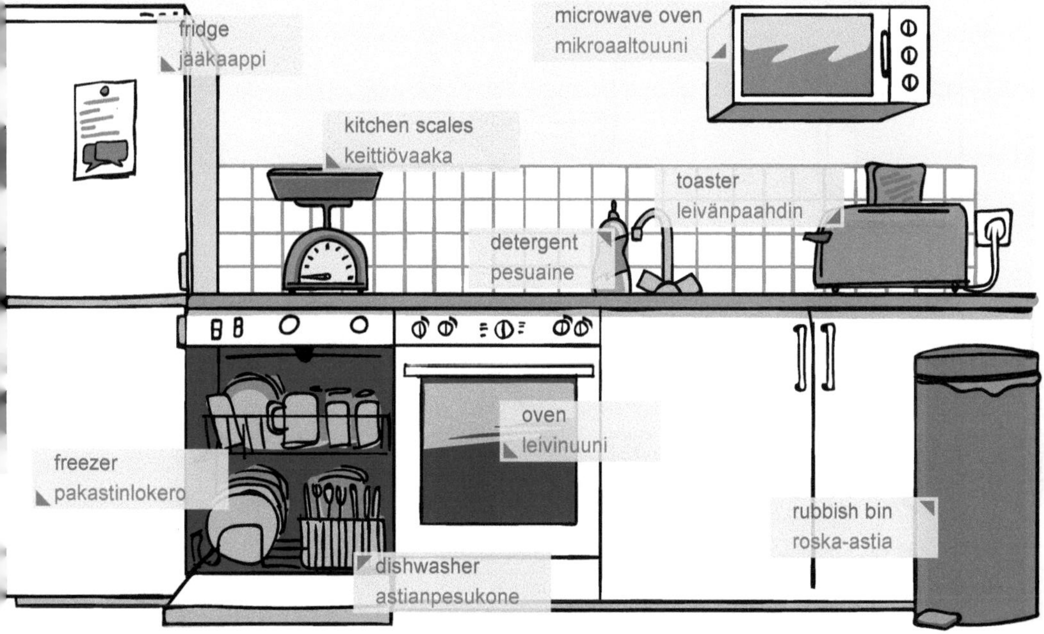

fridge
jääkaappi
microwave oven
mikroaaltouuni
kitchen scales
keittiövaaka
toaster
leivänpaahdin
detergent
pesuaine
oven
leivinuuni
freezer
pakastinlokero
rubbish bin
roska-astia
dishwasher
astianpesukone

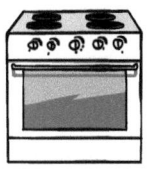

cooker
liesi

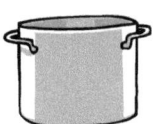

pot
kattila

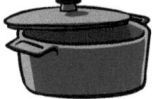

cast-iron pot
rautapata

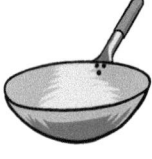

wok / kadai
vokkipannu / kadai-pannu

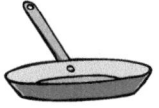

pan
paistinpannu

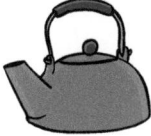

kettle
teepannu

steamer

höyrykeitin

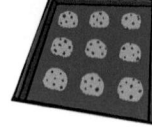

baking tray

uunipelti

crockery

astiat

mug

muki

bowl

kulho

chopsticks

syömäpuikot

ladle

kauha

spatula

paistinlasta

whisk

vispilä

strainer

siivilä

sieve

siivilä

grater

raastin

mortar

mortteli

barbecue

grilli

open fire

avotuli

chopping board

leikkuulauta

rolling pin

kaulin

corkscrew

korkinavaaja

can

purkki

can opener

purkinavaaja

pot holder

pannulappu

sink

lavuaari

brush

tiskiharja

sponge

pesusieni

blender

tehosekoitin

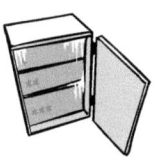

deep freezer

pakastin

baby bottle

tuttipullo

tap

vesihana

bathroom
kylpyhuone

heating
lämmitys
towel
pyyhe
shower
suihku
shower curtain
suihkuverho
bubble bath
vaahtokylpy
bathtub
kylpyamme
washing machine
pesukone
tiles
kaakelit
tap
vesihana
glass
lasi
potty
potta
sink
lavuaari

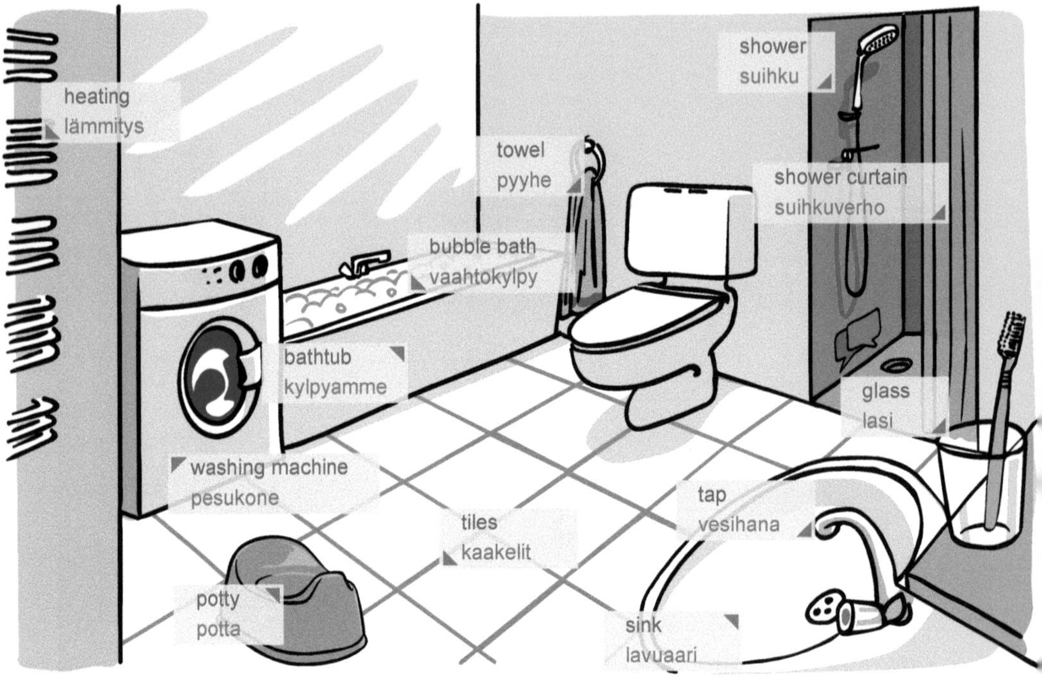

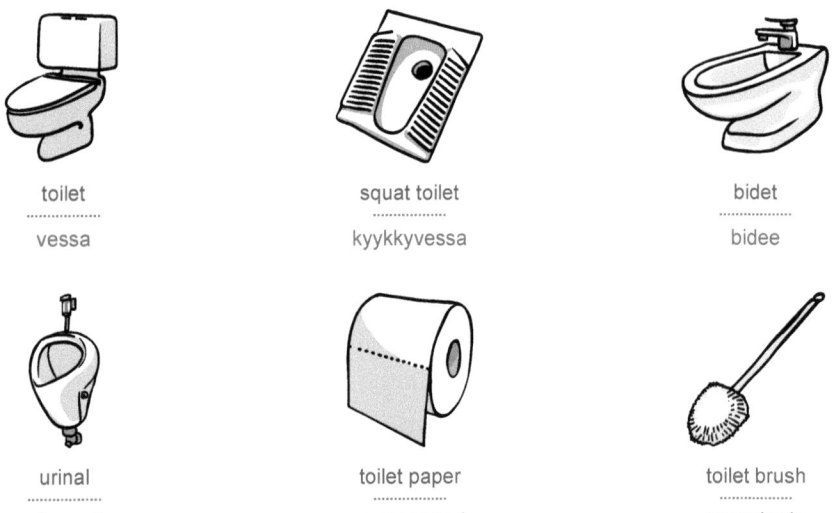

toilet

vessa

squat toilet

kyykkyvessa

bidet

bidee

urinal

pisuaari

toilet paper

vessapaperi

toilet brush

vessaharja

toothbrush

hammasharja

toothpaste

hammastahna

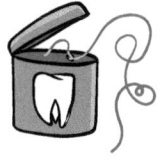

dental floss

hammaslanka

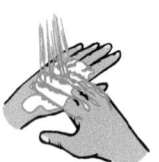

wash

pestä

handheld shower

käsisuihku

douche

intiimisuihku

basin

pesuvati

back brush

selkäharja

soap

saippua

shower gel

suihkugeeli

shampoo

shampoo

flannel

pesulappu

drain

viemäri

cream

voide

deodorant

deodorantti

mirror

peili

hand mirror

käsipeili

razor

partaveitsi

shaving foam

partavaahto

aftershave

partavesi

comb

kampa

brush

harja

hair dryer

hiustenkuivaaja

hairspray

hiuslakka

makeup

meikki

lipstick

huulipuna

nail varnish

kynsilakka

cotton wool

pumpuli

nail scissors

kynsisakset

perfume

hajuvesi

washbag

kosmetiikkalaukku

stool

jakkara

weighing scale

vaaka

bathrobe

kylpytakki

rubber gloves

kumihansikkaat

tampon

tamponi

sanitary towel

terveysside

chemical toilet

kemiallinen wc

child's room
lastenhuone

alarm clock
herätyskello
cuddly toy
pehmolelu
toy car
leikkiauto
rattle
helistin
doll's house
nukkekoti
present
lahja

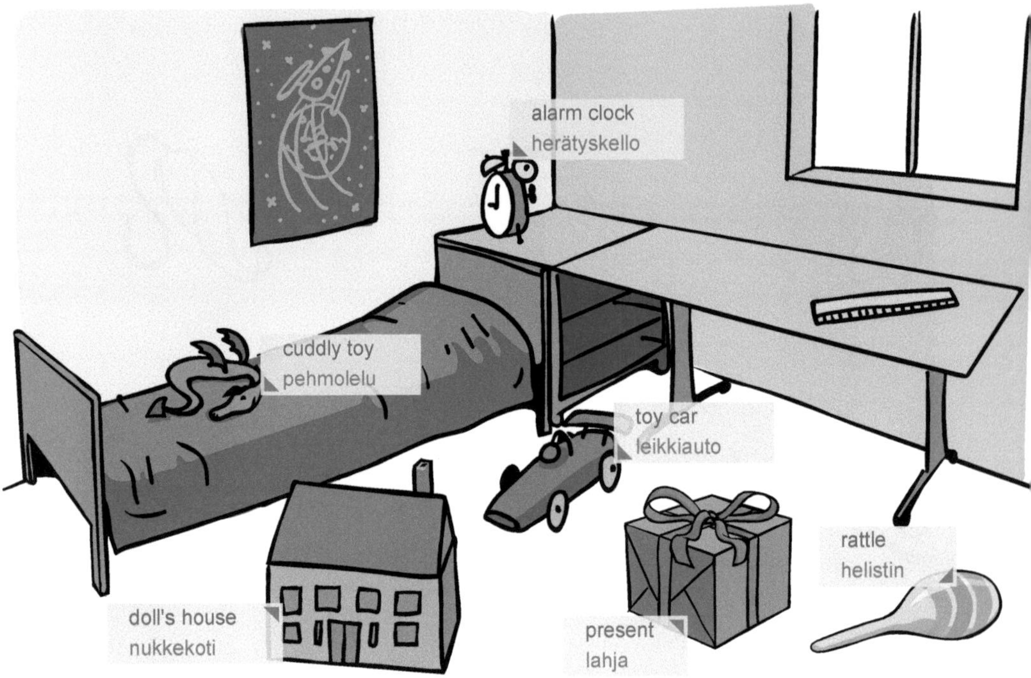

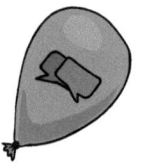

balloon

ilmapallo

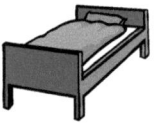

bed

sänky

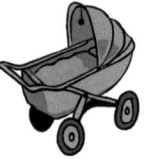

pram

lastenvaunut

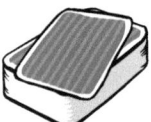

deck of cards

korttipeli

jigsaw

palapeli

SUPER
MEGA

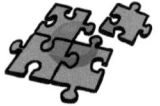

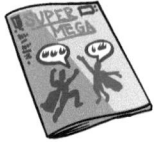

comic

sarjakuva

lego bricks

legopalikat

building blocks

rakennuspalikat

action figure

supersankari

babygrow

potkupuku

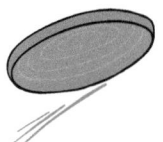

frisbee

frisbee

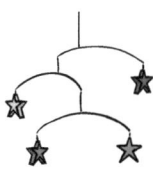

mobile

mobile

board game

lautapeli

dice

noppa

model train set

pienoisjunarata

dummy

tutti

party

juhlat

picture book

kuvakirja

ball

pallo

doll

nukke

play

leikkiä

sandpit

hiekkalaatikko

swing

keinu

toys

lelut

video game console

pelikonsoli

tricycle

kolmipyörä

teddy bear

nalle

wardrobe

vaatekaappi

clothing

vaatteet

socks

sukat

stockings

nylonsukat

tights

sukkahousut

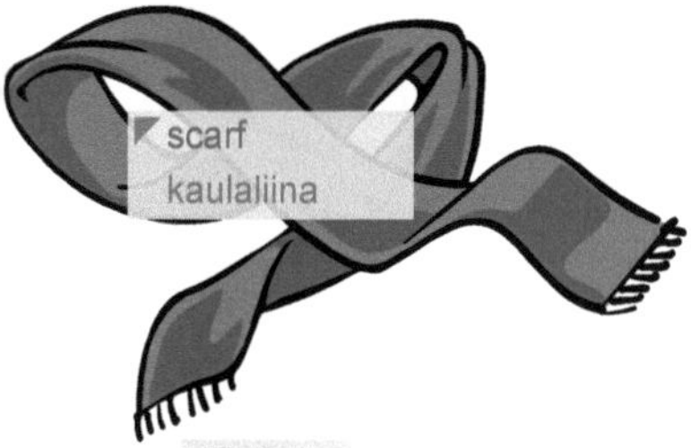

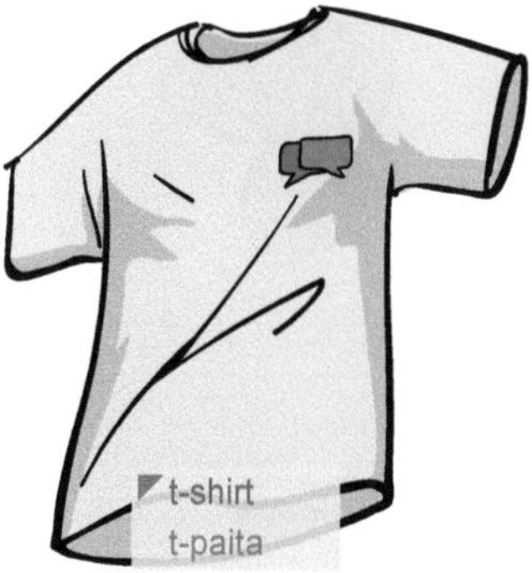

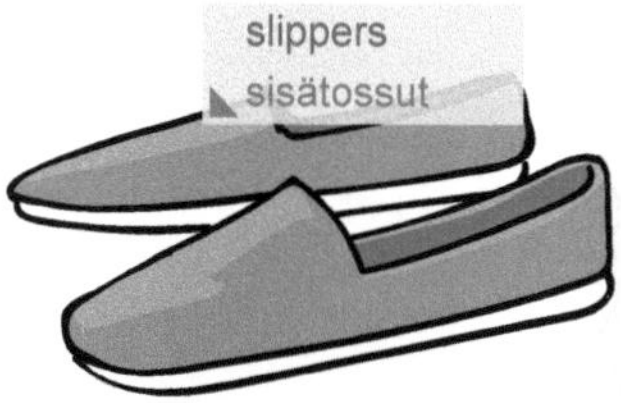

scarf
kaulaliina

belt
vyö

umbrella
sateenvarjo

t-shirt
t-paita

boots
saappaat

slippers
sisätossut

trainers
lenkkarit

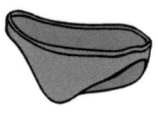

sandals

sandaalit

shoes

kengät

rubber boots

kumisaappaat

underpants

alushousut

bra

rintaliivit

vest

aluspaita

clothing - vaatteet

body

body

trousers

housut

jeans

farkut

skirt

hame

blouse

pusero

shirt

paita

pullover

villapaita

hoodie

collegepaita

blazer

jakku

jacket

takki

coat

takki

raincoat

sadetakki

costume

puku

dress

mekko

wedding dress

hääpuku

suit

puku

nightgown

yöpaita

pyjamas

pyjama

sari

shari

headscarf

päähuivi

turban

turbaani

burqa

burka

kaftan

kaftaani

abaya

abaya

swimsuit

uimapuku

trunks

uimahousut

shorts

shortsit

tracksuit

verkkarit

apron

esiliina

gloves

käsineet

button
nappi

glasses
silmälasit

bracelet
rannekoru

necklace
kaulakoru

ring
sormus

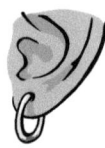

earring
korvakoru

cap
lippalakki

coat hanger
ripustin

hat
hattu

tie
solmio

zip
vetoketju

helmet
kypärä

braces
henkselit

school uniform
koulupuku

uniform
univormu

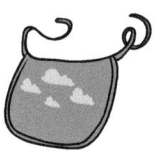

bib

ruokalappu

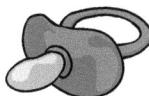

dummy

tutti

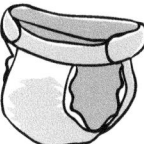

nappy

vaippa

office
toimisto

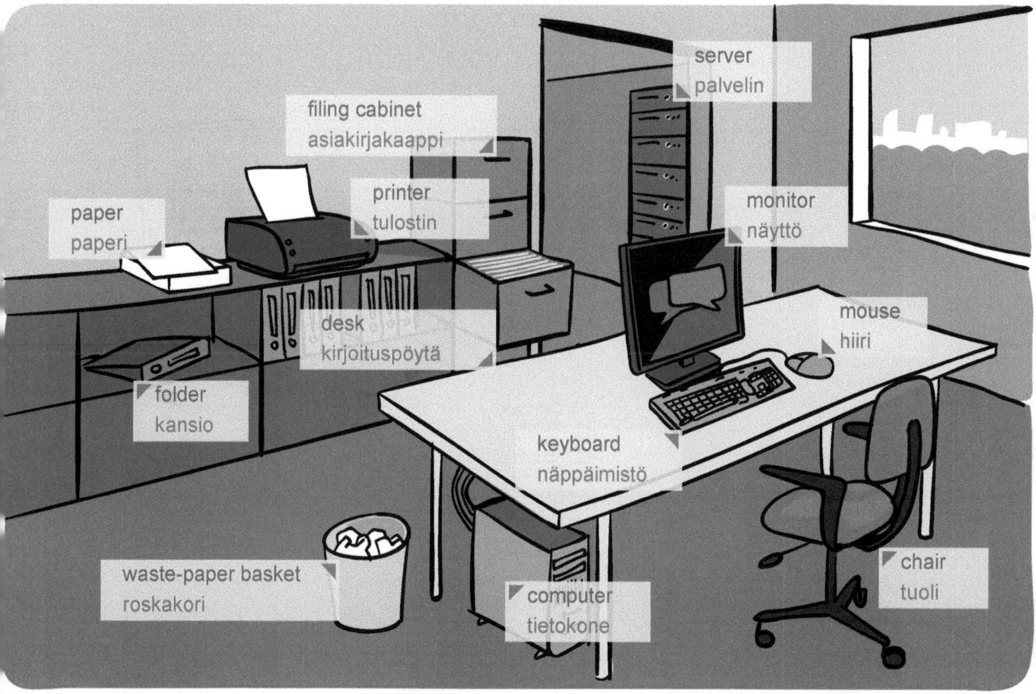

server
palvelin
filing cabinet
asiakirjakaappi
printer
tulostin
paper
paperi
monitor
näyttö
desk
kirjoituspöytä
mouse
hiiri
folder
kansio
keyboard
näppäimistö
waste-paper basket
roskakori
chair
tuoli
computer
tietokone

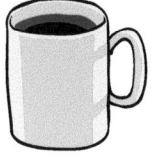

coffee mug

kahvimuki

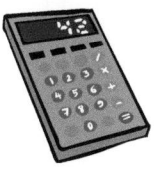

calculator

taskulaskin

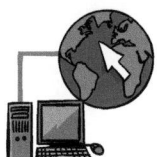

internet

internet

laptop

kannettava tietokone

letter

kirje

message

viesti

mobile

kännykkä

network

verkko

photocopier

kopiokone

software

ohjelmisto

telephone

puhelin

plug socket

pistorasia

fax machine

faksi

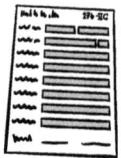

form

lomake

document

asiakirja

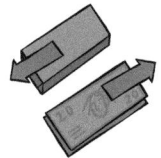

buy

ostaa

pay

maksaa

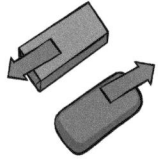

trade

vaihtaa

money

raha

USD

dollar

dollari

EUR

euro

euro

JPY

yen

jeni

RUB

rouble

rupla

CHF

Swiss franc

frangi

CNY

renminbi yuan

renminbi juan

INR

rupee

rupia

cashpoint

pankkiautomaatti

bureau de change

rahanvaihto

gold

kulta

silver

hopea

oil

öljy

energy

energia

price

hinta

contract

sopimus

tax

vero

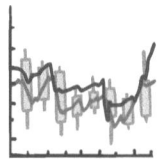

stock

osake

work

työskennellä

employee

työntekijä

employer

työnantaja

factory

tehdas

shop

liike

police officer
poliisi

fireman
palomies

cook
kokki

doctor
lääkäri

pilot
lentäjä

gardener

carpenter

seamstress

gardener
puutarhuri

carpenter
puuseppä

seamstress
ompelija

judge
tuomari

chemist
kemisti

actor
näyttelijä

bus driver

linja-autonkuljettaja

taxi driver

taksinkuljettaja

fisherman

kalastaja

cleaning lady

siivooja

roofer

katontekijä

waiter

tarjoilija

hunter

metsästäjä

painter

maalari

baker

leipuri

electrician

sähköasentaja

builder

rakentaja

engineer

insinööri

butcher

teurastaja

plumber

putkiasentaja

postman

postinjakaja

soldier

sotilas

architect

arkkitehti

cashier

kassanhoitaja

florist

floristi

hairdresser

kampaaja

conductor

konduktööri

mechanic

mekaanikko

captain

kapteeni

dentist

hammaslääkäri

scientist

tiedemies

rabbi

rabbi

imam

imaami

monk

munkki

clergyman

pappi

tools
työkalut

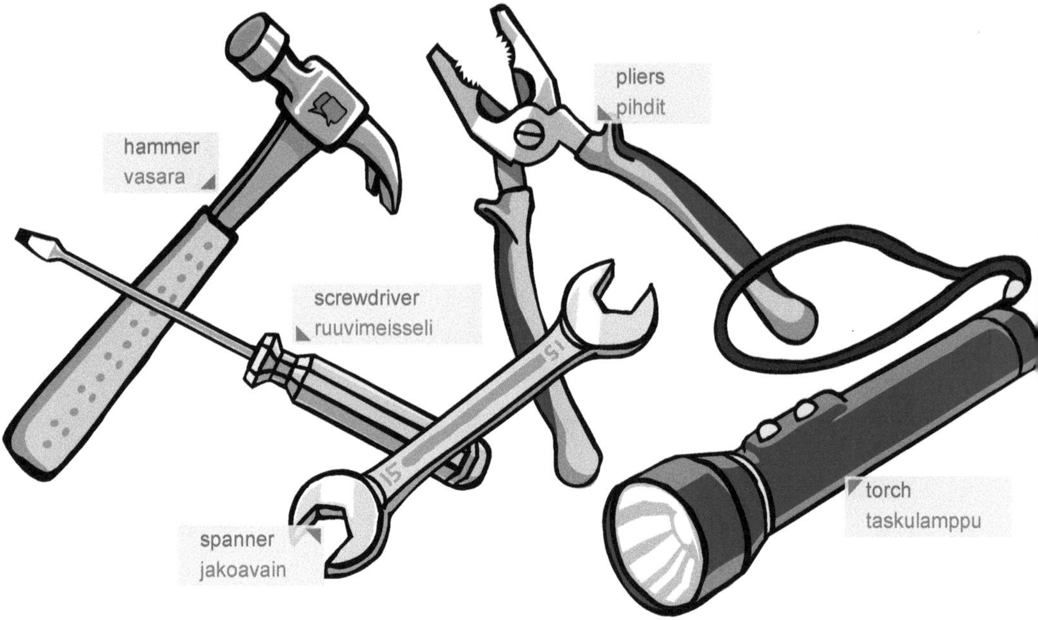
hammer
vasara
pliers
pihdit
screwdriver
ruuvimeisseli
spanner
jakoavain
torch
taskulamppu

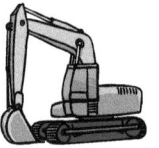

digger
kaivinkone

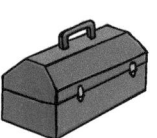

toolbox
työkalupakki

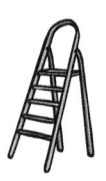

ladder
tikkaat

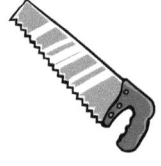

saw
saha

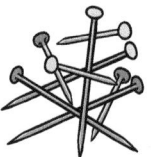

nails
naulat

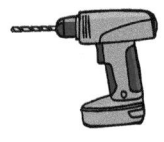

drill
pora

repair

korjata

shovel

lapio

Damn!

Hitto!

dustpan

rikkalapio

paint pot

maalipurkki

screws

ruuvit

musical instruments
soittimet

drum kit
rummut

loudspeaker
kaiuttimet

guitar
kitara

double bass
kontrabasso

trumpet
trumpetti

piano

piano

violin

viulu

bass

basso

timpani

patarummut

drums

rumpu

keyboard

kosketinsoitin

saxophone

saksofoni

flute

huilu

microphone

mikrofoni

zoo
eläintarha

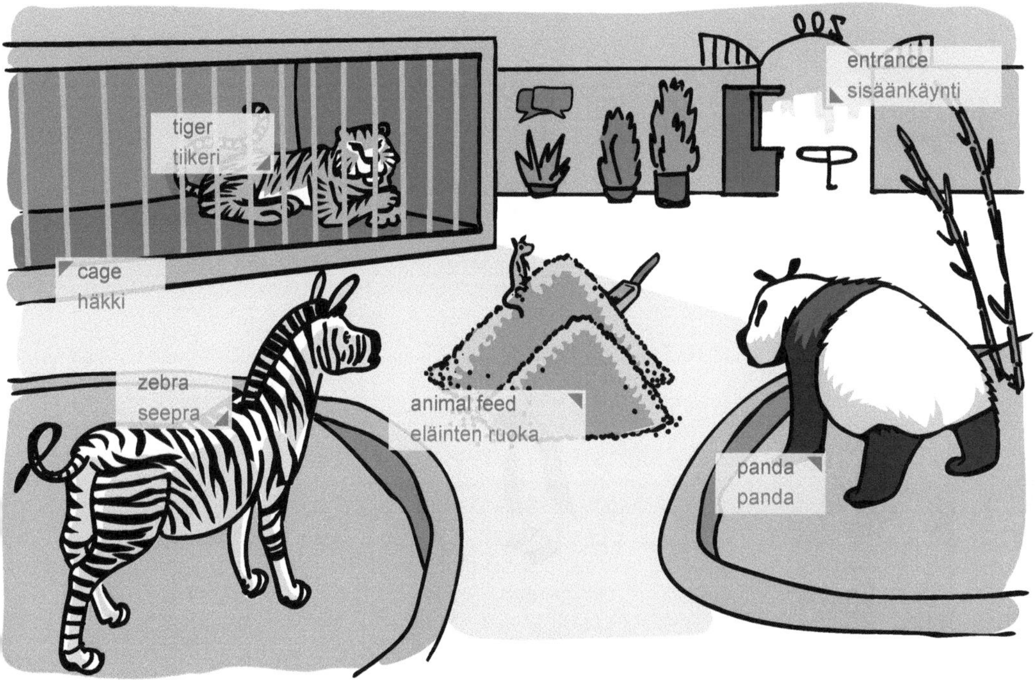
tiger
tiikeri
entrance
sisäänkäynti
cage
häkki
zebra
seepra
animal feed
eläinten ruoka
panda
panda

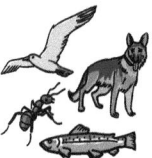

animals

eläimet

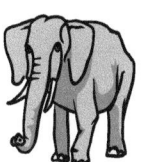

elephant

norsu

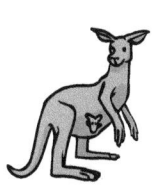

kangaroo

kenguru

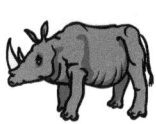

rhino

sarvikuono

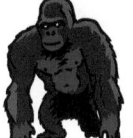

gorilla

gorilla

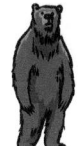

bear

karhu

camel

kameli

ostrich

strutsi

lion

leijona

monkey

apina

flamingo

flamingo

parrot

papukaija

polar bear

jääkarhu

penguin

pingviini

shark

hai

peacock

riikinkukko

snake

käärme

crocodile

krokotiili

zookeeper

eläintarhanhoitaja

seal

hylje

jaguar

jaguaari

pony

poni

leopard

leopardi

hippo

virtahepo

giraffe

kirahvi

eagle

kotka

boar

villisika

fish

kala

turtle

kilpikonna

walrus

mursu

fox

kettu

gazelle

gaselli

American football
amerikkalainen jalkapallo

cycling
pyöräily

tennis
tennis

basketball
koripallo

swimming
uinti

boxing
nyrkkeily

ice hockey
jääkiekko

football
jalkapallo

badminton
sulkapallo

athletics
yleisurheilu

handball
käsipallo

skiing
hiihto

polo
poolo

activities
aktiviteetit

laugh
nauraa
jump
hypätä
hug
halata
walk
kävellä
sing
laulaa
dream
unelmoida
pray
rukoilla
kiss
suudella

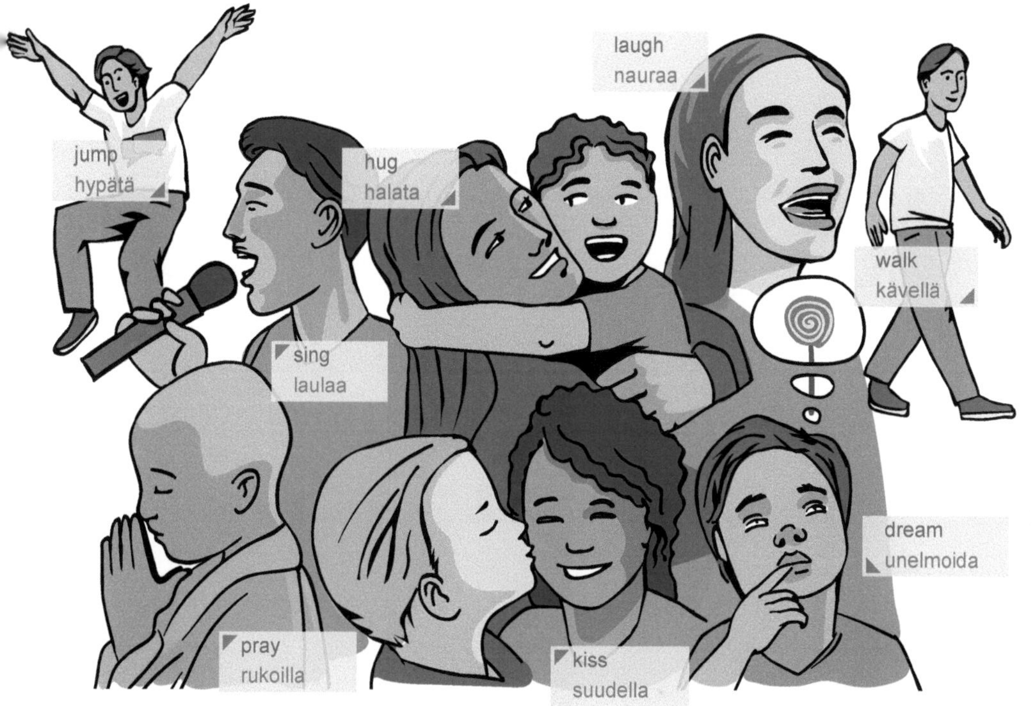

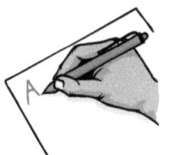

write

kirjoittaa

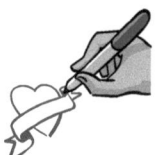

draw

piirtää

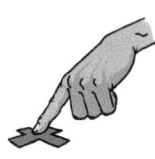

show

näyttää

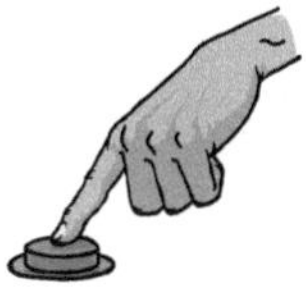

push

painaa

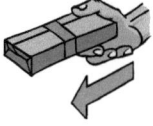

give

antaa

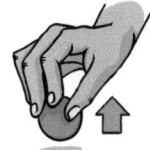

take

ottaa

have
omistaa

do
tehdä

be
olla

stand
seisoa

run
juosta

pull
vetää

throw
heittää

fall
kaatua

lie
maata

wait
odottaa

carry
kantaa

sit
istua

get dressed
pukeutua

sleep
nukkua

wake up
herätä

look at

katsoa

cry

itkeä

stroke

silittää

comb

kammata

talk

puhua

understand

ymmärtää

ask

kysyä

listen

kuunnella

drink

juoda

eat

syödä

tidy up

siivota

love

rakastaa

cook

keittää

drive

ajaa

fly

lentää

activities - aktiviteetit

sail

purjehtia

calculate

laskea

read

lukea

learn

oppia

work

työskennellä

marry

mennä naimisiin

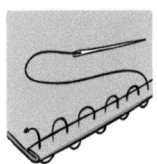

sew

ommella

brush teeth

pestä hampaat

kill

tappaa

smoke

tupakoida

send

lähettää

family
perhe

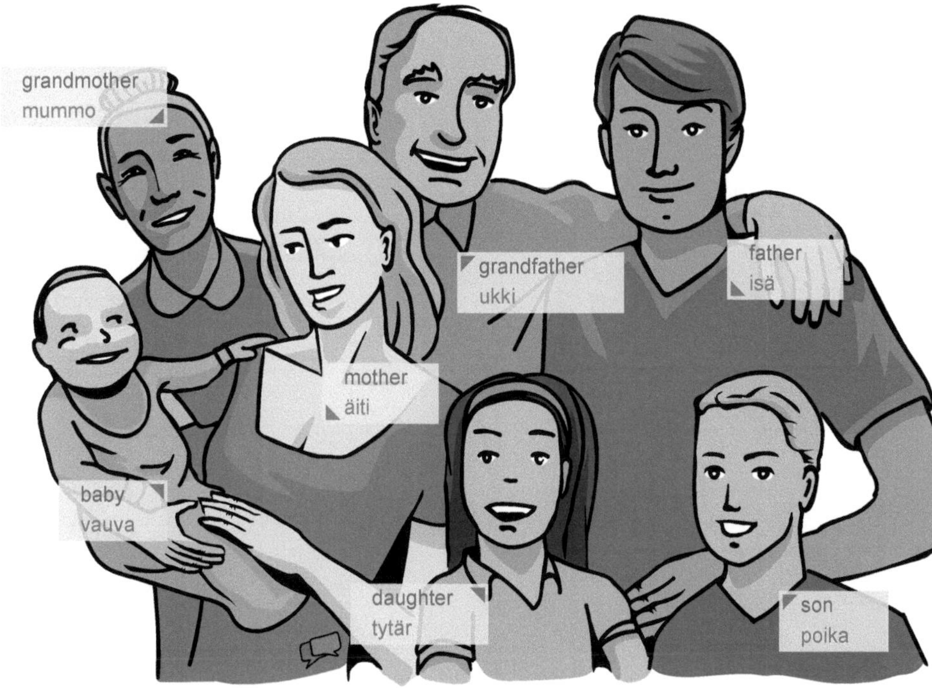

grandmother
mummo
grandfather
ukki
father
isä
mother
äiti
baby
vauva
daughter
tytär
son
poika

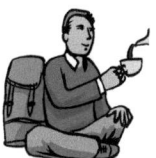

guest

vieras

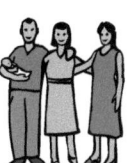

aunt

täti

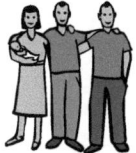

uncle

setä

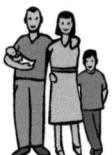

brother

veli

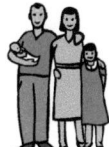

sister

sisko

body

vartalo

forehead
otsa
eye
silmä
shoulder
olkapää
finger
sormet
face
kasvot
chin
leuka
hand
käsi
leg
jalka
breast
rinta
arm
käsivarsi

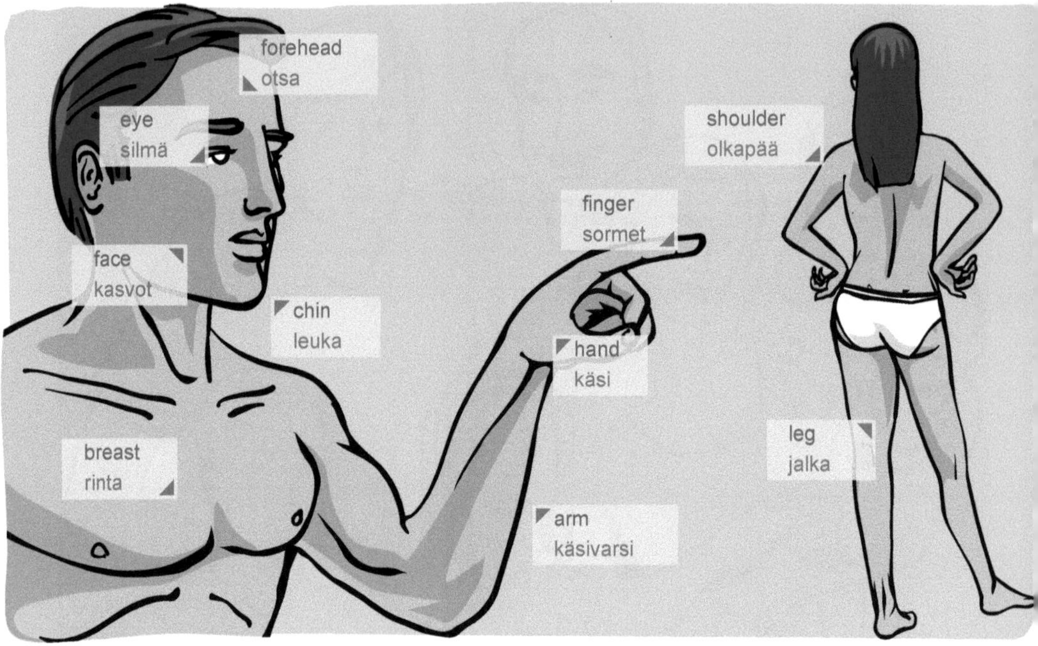

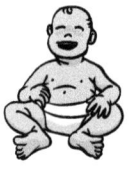

baby

vauva

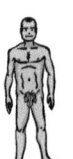

man

mies

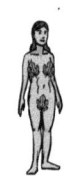

woman

nainen

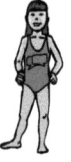

girl

tyttö

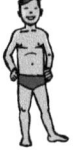

boy

poika

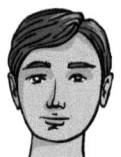

head

pää

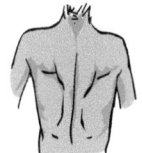

back

selkä

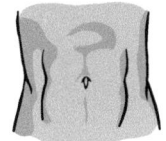

belly

maha

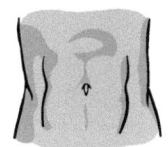

belly button

napa

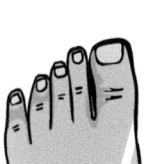

toe

varvas

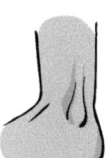

heel

kantapää

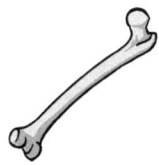

bone

luu

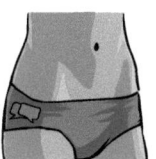

hip

lantio

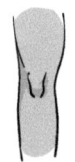

knee

polvi

elbow

kyynärpää

nose

nenä

bottom

takapuoli

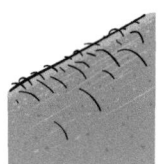

skin

iho

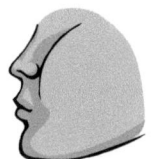

cheek

poski

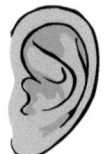

ear

korva

lip

huuli

mouth

suu

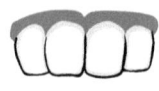

tooth

hammas

tongue

kieli

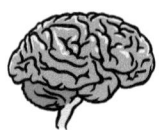

brain

aivot

heart

sydän

muscle

lihas

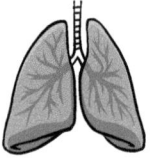

lung

keuhkot

liver

maksa

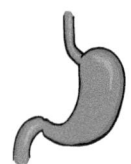

stomach

vatsa

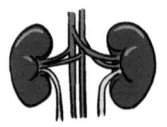

kidneys

munuaiset

sex

seksi

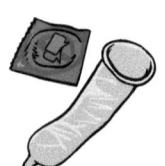

condom

kondomi

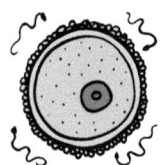

ovum

munasolu

semen

sperma

pregnancy

raskaus

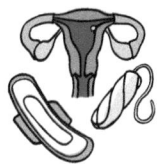

menstruation

kuukautiset

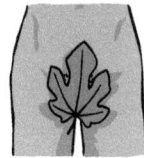

vagina

vagina

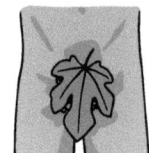

penis

penis

eyebrow

kulmakarvat

hair

hiukset

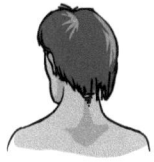

neck

niska

hospital
sairaala

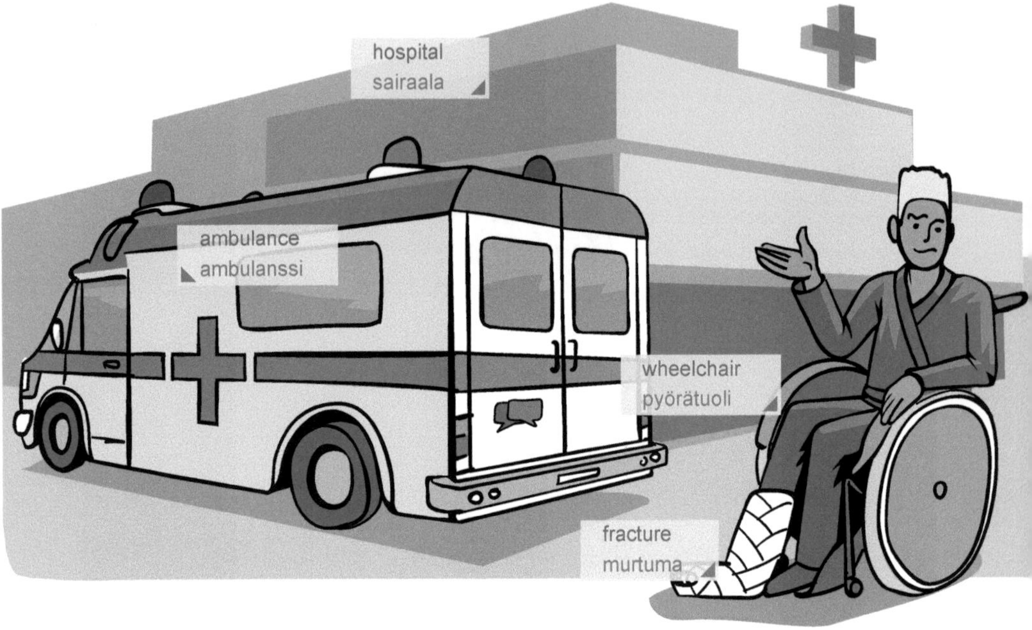

hospital
sairaala
ambulance
ambulanssi
wheelchair
pyörätuoli
fracture
murtuma

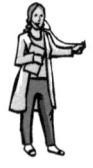

doctor

lääkäri

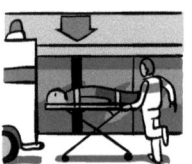

emergency room

ensiapu

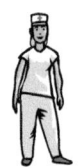

nurse

sairaanhoitaja

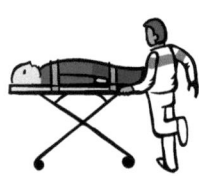

emergency

hätätilanne

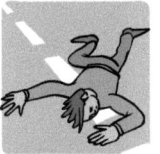

unconscious

tajuton

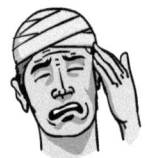

pain

kipu

injury

vamma

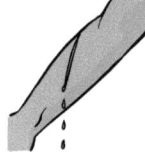

bleeding

verenvuoto

heart attack

sydänkohtaus

stroke

aivoinfarkti

allergy

allergia

cough

yskä

fever

kuume

flu

flunssa

diarrhoea

ripuli

headache

päänsärky

cancer

syöpä

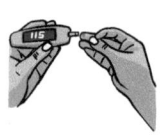

diabetes

diabetes

surgeon

kirurgi

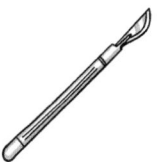

scalpel

veitsi

operation

leikkaus

CT

ct

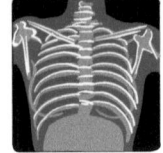

x-ray

röntgen

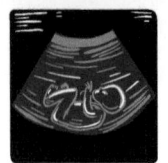

ultrasound

ultraääni

face mask

maski

disease

sairaus

waiting room

odotushuone

crutch

sauva

plaster

laastari

bandage

side

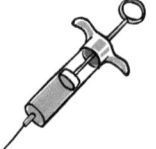

injection

pistos

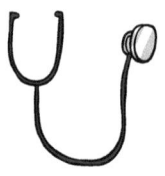

stethoscope

stetoskooppi

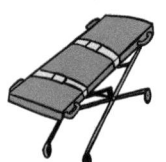

stretcher

paarit

clinical thermometer

kuumemittari

birth

syntymä

overweight

ylipaino

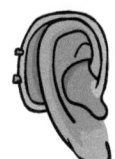

hearing aid

kuulolaite

disinfectant

desinfiointiaine

infection

infektio

virus

virus

HIV / AIDS

HIV / AIDS

medicine

lääke

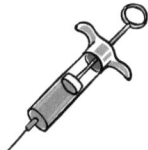

vaccination

rokotus

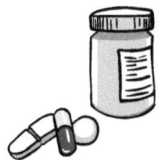

tablets

tabletit

pill

pilleri

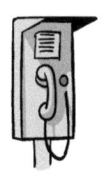

emergency call

hätäpuhelu

blood pressure monitor

verenpainemittari

ill / healthy

sairas / terve

Help! Apua!	 alarm hälytys	 assault ryöstö
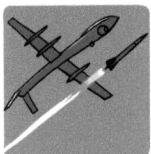 attack hyökkäys	 danger vaara	 emergency exit hätäuloskäynti
Fire! Tulipalo!	 fire extinguisher palosammutin	 accident onnettomuus
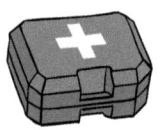 first-aid kit ensiapulaukku	 SOS SOS	 police poliisilaitos

Europe

Eurooppa

North America

Pohjois-Amerikka

South America

Etelä-Amerikka

Africa

Afrikka

Asia

Aasia

Australia

Australia

Atlantic

Atlantin valtameri

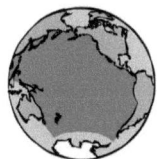

Pacific

Tyynimeri

Indian Ocean

Intian valtameri

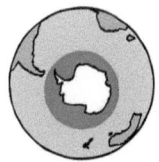

Antarctic Ocean

Eteläinen jäämeri

Arctic Ocean

Pohjoinen jäämeri

North Pole

pohjoisnapa

South Pole
etelänapa

Antarctica
Antarktis

Earth
maa

land
maa

sea
meri

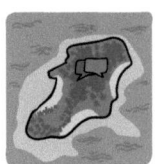

island
saari

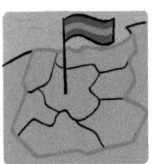

nation
kansa

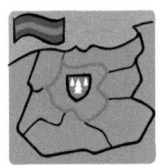

state
osavaltio

clock face

kellotaulu

hour hand

tuntiviisari

minute hand

minuuttiviisari

second hand

sekuntiviisari

What time is it?

Paljonko kello on?

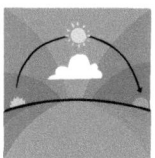

day

päivä

time

aika

now

nyt

digital watch

digitaalikello

minute

minuutti

hour

tunti

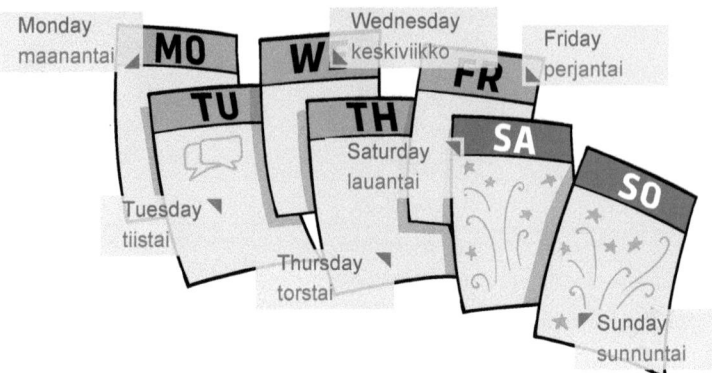

Monday / maanantai
Wednesday / keskiviikko
Friday / perjantai
Tuesday / tiistai
Saturday / lauantai
Thursday / torstai
Sunday / sunnuntai

yesterday

eilen

today

tänään

tomorrow

huomenna

morning

aamu

noon

keskipäivä

evening

ilta

business days

työpäivät

weekend

viikonloppu

rain
sade

rainbow
sateenkaari

wind
tuuli

snow
lumi

spring
kevät

summer
kesä

autumn
syksy

winter
talvi

4.APRIL	11°	☀
5.APRIL	4°	⛅
6.APRIL	13°	🌧
7.APRIL	8°	☀
8.APRIL	10°	☀

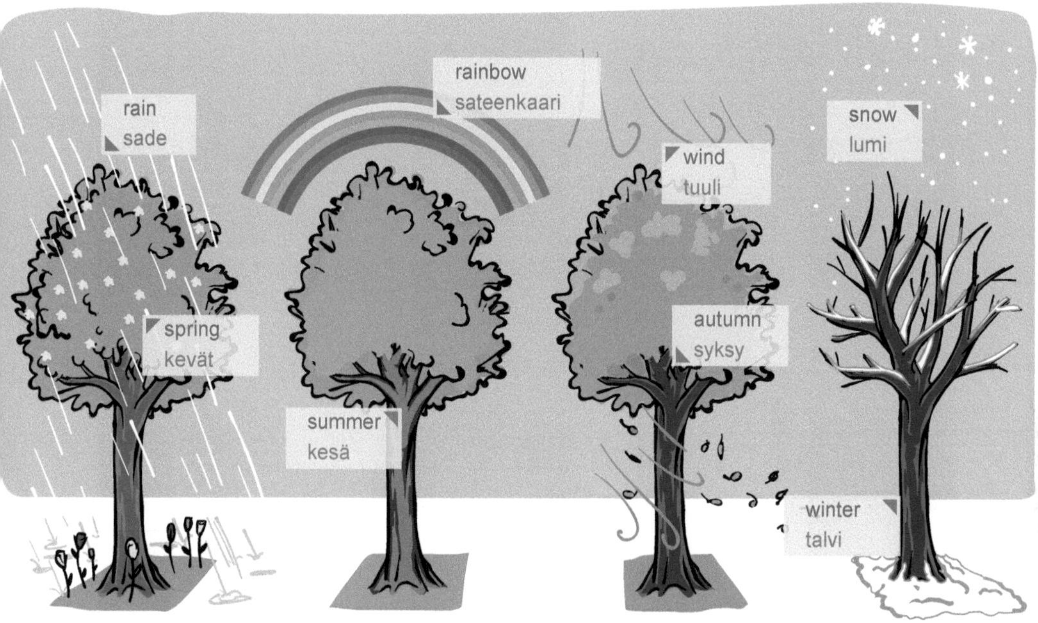

weather forecast

sääennuste

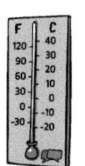

thermometer

lämpömittari

sunshine

auringonpaiste

cloud

pilvi

fog

sumu

humidity

ilmankosteus

lightning

salama

thunder

ukkonen

storm

myrsky

hail

rae

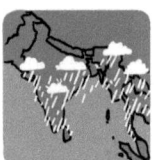

monsoon

monsuuni

flood

tulva

ice

jää

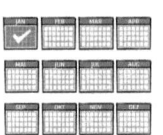

January

tammikuu

February

helmikuu

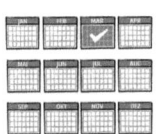

March

maaliskuu

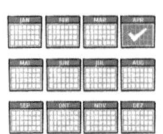

April

huhtikuu

May

toukokuu

June

kesäkuu

July

heinäkuu

August

elokuu

year - vuosi

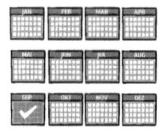

September

syyskuu

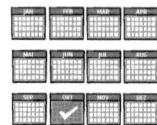

October

lokakuu

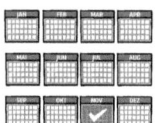

November

marraskuu

December

joulukuu

shapes

muodot

circle

ympyrä

square

neliö

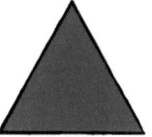

rectangle

suorakulmio

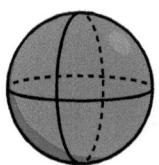

triangle

kolmio

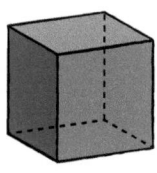

sphere

pallo

cube

kuutio

colours

värit

white
valkoinen

yellow
keltainen

orange
oranssi

pink
vaaleanpunainen

red
punainen

purple
violetti

blue
sininen

green
vihreä

brown
ruskea

grey
harmaa

black
musta

a lot / a little

paljon / vähän

angry / calm

vihainen / ystävällinen

beautiful / ugly

kaunis / ruma

beginning / end

alku / loppu

big / small

suuri / pieni

bright / dark

vaalea / tumma

brother / sister

veli / sisko

clean / dirty

puhdas / likainen

complete / incomplete

täydellinen / epätäydellinen

day / night

päivä / yö

dead / alive

kuollut / elävä

wide / narrow

leveä / kapea

edible / inedible

syötävä / syömäkelvoton

evil / kind

paha / kiltti

excited / bored

innostunut / tylsistynyt

fat / thin

lihava / laiha

first / last

ensimmäinen / viimeinen

friend / enemy

ystävä / vihollinen

full / empty

täysi / tyhjä

hard / soft

kova / pehmeä

heavy / light

painava / kevyt

hunger / thirst

nälkä / jano

ill / healthy

sairas / terve

illegal / legal

laiton / laillinen

intelligent / stupid

älykäs / tyhmä

left / right

vasen / oikea

near / far

lähellä / kaukana

opposites - vastakohdat

new / used

uusi / käytetty

nothing / something

ei mitään / jotain

old / young

vanha / nuori

on / off

päällä / pois päältä

open / closed

auki / kiinni

quiet / loud

hiljainen / äänekäs

rich / poor

rikas / köyhä

right / wrong

oikein / väärin

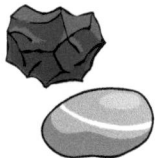

rough / smooth

karhea / sileä

sad / happy

surullinen / iloinen

short / long

lyhyt / pitkä

slow / fast

hidas / nopea

wet / dry

märkä / kuiva

warm / cool

lämmin / viileä

war / peace

sota / rauha

0

zero

nolla

1

one

yksi

2

two

kaksi

3

three

kolme

4

four

neljä

5

five

viisi

6

six

kuusi

7

seven

seitsemän

8

eight

kahdeksan

9

nine

yhdeksän

10

ten

kymmenen

11

eleven

yksitoista

12

twelve

kaksitoista

13

thirteen

kolmetoista

14

fourteen

neljätoista

15

fifteen

viisitoista

16

sixteen

kuusitoista

17

seventeen

seitsemäntoista

18

eighteen

kahdeksantoista

19

nineteen

yhdeksäntoista

20

twenty

kaksikymmentä

100

hundred

sata

1.000

thousand

tuhat

1.000.000

million

miljoona

English

englanti

American English

amerikanenglanti

Chinese Mandarin

mandariinikiina

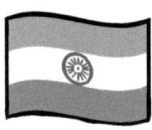

Hindi

hindi

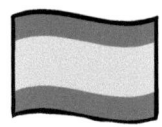

Spanish

espanja

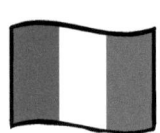

French

ranska

Arabic

arabia

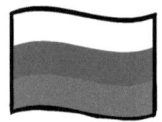

Russian

venäjä

Portuguese

portugali

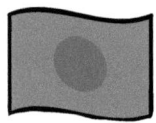

Bengali

bengali

German

saksa

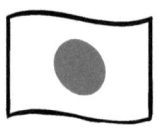

Japanese

japani

I

minä

you

sinä

he / she / it

hän

we

me

you

te

they

he

who?

kuka?

what?

mitä / mikä?

how?

miten?

where?

missä?

when?

milloin?

name

nimi

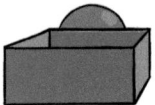

behind

takana

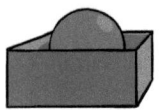

in

sisällä

in front of

edessä

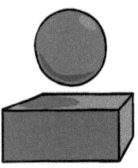

over

yläpuolella

on

päällä

under

alapuolella

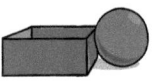

beside

vieressä

between

välissä

place

paikka